Extrait de la *Gironde* du 1er mai 1888.

ÉPISODE

DU

SIÉGE DE STRASBOURG

C'est le 15 août 1870 que le pasteur Schillinger fut appelé à la mairie de Strasbourg, où M. Kablé, alors président de la Société de secours aux blessés, et depuis député à l'Assemblée de Bordeaux avant de l'être au Reichstag, l'invitait à partir immédiatement pour Paris, afin d'y chercher les médicaments dont la ville était complétement dépourvue.

Bien des personnes, à Bordeaux, ont connu le pasteur Schillinger, qui fut pendant plusieurs années attaché comme précepteur à une des plus honorables familles de cette ville.

En août 1870, Strasbourg, ville de 70,000 habitants, avait tout à coup vu affluer dans ses murs plus de 10.000 personnes, fuyant devant l'invasion prussienne.

Non-seulement depuis les premiers jours de la guerre il n'avait plus été possible aux pharmaciens de Strasbourg de rien faire venir de Paris, mais encore tout ce qu'on avait pu trouver de médicaments dans Strasbourg avait été pris par voie de réquisition pour les ambulances du 1er corps de l'armée du Rhin, et perdu à Froeschwiller.

Le blocus pouvant durer plusieurs mois, les pharmaciens de Strasbourg demandaient à Paris :

Chloroforme	60 kil.
Musc en vessie	100 gr.
Hydrochlose de morphine	500 gr.
Sous-nitrate de bismuth	25 kil.
Sulfate de quinine	20 kil.
Coton soluble	2 kil.
Calomel à la vapeur	5 gr.
Acide phénique cristallisé	50 gr.
Moutarde de Rigollot	100 boît. de 25g
Chloral hydraté	10 kil.
Opium	10 kil.
Iode	5 kil.
Permanganate de potasse	5 kil.

Comme en ce moment le blocus n'était pas encore complet, le pasteur put assez facilement traverser les lignes prussiennes et gagner Schlestadt et Colmar.

Le 16 août, il prend à Mulhouse le train qui allait encore, plus ou moins régulièrement, à Paris, et le 17 août, M. Schillinger se rend au Palais de l'Industrie, où siégeait alors la Société internationale de secours aux blessés. Immédiatement reçu par le comte de Flavigny, président de la Société; par M. de Billy, inspecteur général des ponts et chaussées, et d'autres personnes, il présente la note des médicaments dont Strasbourg avait besoin; il demande en même temps de l'argent pour les ambulances.

Le docteur Chenu trouva la quantité de médicaments fort exagérée: on traiterait avec cela, dit-il, toutes les armées de France pendant plusieurs mois.

Après avoir longuement discuté sur la situation de Strasbourg, qui était entouré à ce moment de marais par l'inondation de tous les environs, il fut arrêté entre le pasteur Schillinger et le docteur Chenu que celui-ci s'entendrait avec M. Dorvault, directeur de la pharmacie centrale, pour les réductions à faire aux médicaments demandés.

Quant à l'argent pour les ambulances de Strasbourg, le pasteur obtenait immédiatement 100,000 fr. de la Société internationale.

Ce n'est que le 20 août qu'il put enfin repartir pour l'Alsace, après avoir fait démarches sur démarches pour obtenir quatre grandes caisses de médicaments pesant près de 200 kilogrammes.

En attendant, Mulhouse envoyait chaque jour du côté de Strasbourg quelques-uns de ses citoyens, professeurs ou négociants, porteurs dans une petite valise de sulfate de quinine et autres médicaments instamment demandés par Strasbourg.

Chaque fois aussi, le piéton était arrêté par quelques patrouilles ennemies, ses médicaments pris par les Prussiens, et lui-même menacé d'être conduit à Rastadt, s'il ne retournait pas tout de suite du côté par lequel il était venu.

A son retour à Belfort, le pasteur est arrêté par un inconnu, qui à la vue de son brassard, lui demande si par hasard il n'est pas le pasteur Schillinger.

C'était M. Doll, avant la guerre consul de Bade, de Bavière et de Wurtemberg à Mulhouse, qui venait de faire timbrer son brassard par l'intendant militaire de Belfort. M. Doll annonça au pasteur que Strasbourg venait d'être entouré de tous côtés par les Prussiens, et que, peut-être, lui seul pourrait encore passer.

Le 21 août, MM. Schillinger et Doll partent de Mulhouse, avec les caisses de médicaments et vont jusqu'à Colmar où le chemin de fer conduisait encore.

Le préfet du Haut-Rhin, M. Salles, avait nommé M. Doll, aussitôt la guerre déclarée, membre de la commission centrale des hôpitaux temporaires, et l'intendant général Uhrich, frère du général, l'avait chargé d'organiser ces hôpitaux dans l'arrondissement de Mulhouse.

Le préfet donna à M. Doll une lettre pour le général qui commandait à Strasbourg; mais cette lettre, écrite tout entière de la main du préfet, était rédigée de telle sorte que si elle tombait entre les mains des Prussiens, elle ne signifierait absolument rien pour eux.

En effet, c'était une lettre d'un négociant à son voyageur, disant qu'à Belfort trois cents balles de café étaient en gare sans pouvoir être expédiées.

Le général Uhrich, qui connaissait l'écriture du préfet, pouvait donc avoir confiance dans ce que lui dirait verbalement le porteur de cette lettre.

En même temps, le préfet, qui pensait que jamais les médicaments n'entreraient dans Strasbourg, conseillait à M. Doll de prendre un cheval de 50 fr. et un char-à-bancs de 25 fr., pour conduire aux Prussiens les quatre caisses, dont probablement l'infortunée ville ne verrait pas un atome.

On va voir comment M. Doll suivit ce conseil. Après avoir pris chez un loueur de voitures la plus jolie calèche qu'il pût trouver, il chercha les plus vigoureux chevaux, leur fit mettre des clochettes qu'on entendait d'une lieue, et lui-même, avec une casquette ornée de la croix rouge et de cinq galons d'or, monta dans la voiture en compagnie du pasteur Schillinger.

A Schlestadt, où l'on s'arrêta pour coucher, M. Doll va chez le sous-préfet, et, en partant, lui demande pour le lendemain, de grand matin, un gendarme avec des menottes

Tout le monde ignorait, le cocher surtout, où les voyageurs devaient aller le lendemain. M. Doll se disait que si le lendemain le postillon ne voulait pas aller du côté des Prussiens, il s'assoirait lui-même sur le siége, à côté du cocher, et, en lui mettant des menottes, celui-ci serait bien obligé de marcher, sans rebrousser chemin, sur Colmar.

Le lendemain, 22 août, alors que les voyageurs annoncent qu'ils vont à Strasbourg, et que toutes les femmes de l'hôtel se mettent à pleurer ; que déjà le gendarme montre ses menottes, le postillon déclare qu'il suivra M. Doll jusqu'en enfer.

Celui-ci conseille alors au pasteur de monter quand même sur le siége, à côté du cocher, car une fois en présence de l'ennemi il pourrait avoir la velléité de retourner en arrière.

Au fond, c'était dans un tout autre but que M. Doll voulait installer le pasteur sur le siége.

En effet, avoir à côté du cocher un autre domestique sur le devant de la voiture, c'était quelque chose ; et le pasteur, avec son chapeau haute-forme, avec sa redingote noire et ses favoris, avait tout à fait l'air d'un laquais de grand style.

Quant à M. Doll, couché dans la voiture, avec sa casquette chamarrée d'or et avec ses anciens brevets de consul dans la poche, il attendait l'ennemi en toute confiance.

La première patrouille prussienne, de trois cavaliers, est rencontrée près de Benfeld; elle laisse passer la voiture après avoir parlementé un instant avec le pasteur. Puis viennent, à de très courtes distances, des sentinelles à cheval, cachées sous de grands arbres.

Enfin, on arrive à une grand'garde composée d'une trentaine de dragons badois et, comme le sous-officier parlemente cette fois trop longtemps avec le pasteur, M. Doll sort la tête de la voiture et tend au soldat un parchemin badois.

L'entête « *Im Namen des Grossherzogs von Baden* » (1) produit sur le militaire un effet magique; sans demander d'autres explications, il salue et invite à continuer son chemin un voyageur qu'il prenait au moins pour le grand-chambellan de son grand-duc.

Une fois la première grand'garde passée et passée sans encombre, on était à peu près sûr que tous les autres postes laisseraient passer une voiture si somptueusement attelée, dont les chevaux faisaient sonner leurs grelots au loin, qui avait sur le siége des domestiques si corrects, et dans laquelle se prélassait un si gros personnage.

C'est, en effet, ce qui arriva pendant quelque temps, et les voyageurs comptaient déjà entrer le même soir dans Strasbourg, portant, dans quatre caisses suspendues derrière et sur le haut de la voiture, de quoi adoucir les souffrances de bien des blessés.

Tout alla bien jusqu'en face d'Erstein, où, à un kilomètre sur la droite, M. Doll vit tout un état-major en train de déjeuner. Bientôt un cavalier s'en détacha, pour courir après la voiture qui filait toujours.

Au moment où il la rattrapait, M. Doll, toujours armé de sa casquette à cinq galons, écrivait sur une de ses cartes, et

(1) Au nom du grand-duc de Bade.

quand le sous-officier voulut parler : « Silence, Kreuzdonnerwetter! quand j'écris. » Après quoi, donnant la carte au feldwebel : « Portez cela tout de suite là-bas, où vous voyez cette grande cheminée. »

M. Doll écrivait tout simplement au directeur de la fabrique qu'on voyait dans le lointain qu'il se portait bien, message dont ce dernier dut être fort surpris, attendu qu'il ne connaissait nullement M. Doll.

Mais le sous-officier badois avait déjà fait un kilomètre pour courir après la voiture ; il allait en faire un second pour aller à la fabrique et deux autres pour retourner auprès de ceux qui l'avaient envoyé, de sorte que la voiture serait déjà bien loin, quand le général prussien saurait par son feldwebel qu'un grand seigneur, jurant comme un officier supérieur pouvait seul le faire, lui avait donné une carte à porter dans la fabrique qu'on voyait tout là-bas.

Une fois arrivé à Graffenstaden, il fallut bien s'arrêter pour laisser reposer les chevaux qui avaient déjà fait une quarantaine de kilomètres.

La cathédrale de Strasbourg se dessinait à l'horizon. Encore quelques kilomètres à parcourir et on était devant la place ; les médicaments entraient, et M. Doll rendait compte au général Uhrich de tout ce que le préfet de Colmar lui avait dit, de tout ce qu'il avait vu en route.

Mais alors la scène changea : le pont du canal du Rhône au Rhin qu'il fallait traverser, était barricadé, deux canons y étaient braqués du côté de la ville, et le capitaine qui commandait le passage enjoignit à MM. Schillinger et Doll d'aller du côté de Schaeffolsheim à la recherche d'un général qui peut-être donnerait l'ordre d'ouvrir la barricade pour laisser passer les médicaments.

A Schaeffolsheim, le général montait à cheval au moment où les deux voyageurs arrivèrent; il les laissa entre les mains de son aide de camp et d'un auditeur (1) qui n'était rien moins qu'amusant.

En racontant les premières victoires des Prussiens devant Metz, victoires dont MM. Schillinger et Doll entendaient parler pour la première fois, l'auditeur, pour mieux se faire comprendre, frappait tantôt sur le bras droit, tantôt sur le bras gauche de M. Doll, en lui disant : « *Euch Franzosen muss ein Glied nach dem andern gebrochen werden* (2). »

M. Doll, qui n'est pas toujours la patience même, se laissait faire cependant, en songeant à la mission qu'il allait remplir dans cette malheureuse cité de Strasbourg, et dont la moindre brusquerie de sa part compromettait le succès.

De nouveau en route pour Mundelsheim où était le grand quartier général, marchant avec les mêmes chevaux depuis cinq heures du matin, on atteignit enfin à six heures du soir le quartier de Werder.

Là, les voyageurs sont d'abord interrogés par M. de Lepel, adjudant du général de Werder, et par un autre officier, puis conduits, entre deux fusiliers, chez le prince de Hohenlohe, chef du service des chevaliers de Saint-Jean.

Partout on leur dit que jamais les médicaments n'entreront dans Strasbourg, et quand MM. Schillinger et Doll sont introduits chez le prince de Hohenlohe, celui-ci commence par leur demander de quel droit ils portent le brassard. Puis il

(1) Fonctionnaire de la justice militaire.
(2) A vous, Français, il faut qu'un membre après l'autre soit désarticulé.

leur dit de nouveau qu'il faut complétement renoncer à prononcer même le nom de Strasbourg pour les médicaments.

Le pasteur répond alors que dans ce cas ces médicaments seront pour Haguenau, où depuis la bataille de Reichshoffen des milliers de Français sont encore étendus, blessés.

M. Doll, toujours entre ses deux fusiliers, est reconduit au quartier général, interrogé, tantôt par un officier, tantôt par un autre, puis enfin conduit devant le général Werder. Qu'on nous permette de nous arrêter quelques instants pour tracer la silhouette de celui qui brûla Strasbourg, ses monuments, son antique bibliothèque, sa cathédrale, et qui cependant ne put entrer dans la ville que lorsque la brèche fut praticable et que ses troupes furent prêtes à donner l'assaut.

Strasbourg avec ses paisibles citoyens, ses femmes, ses enfants hachés par les obus, a résisté aux Prussiens, qui voulaient prendre la ville après quelques jours d'un bombardement comme l'histoire en mentionne bien peu, Strasbourg a résisté jusqu'au 29 septembre.

Quant à Werder, c'était un *petit rieur*, quelque chose comme un huissier de village que le tribunal aurait forcé de vendre son étude. De plus (et M. Doll n'est pas le seul à dire cela, tous les citoyens de Strasbourg qui ont eu affaire à Werder après la capitulation l'ont dit aussi), Werder, très agressif, très grossier avec les timides, au lieu de faire jeter à la porte ceux qui lui tenaient tête, les écoutait, mollissait au contraire. Il avait, en quelque sorte, besoin d'être rudoyé.

L'entretien du général avec M. Doll le prouve bien; Werder commença ainsi : D'où venez-vous aujourd'hui ?

M. Doll. — De Schlestadt, Votre Excellence.

Werder. — Ce n'est pas vrai; personne ne vient de Schlestadt. Mes avant-postes vous auraient arrêtés à une lieue de cette ville.

M. Doll. — Non-seulement ils ne m'ont pas arrêté, Excellence, mais encore ils ont été excessivement polis avec moi. Du reste, le pasteur Schillinger et le postillon sont là; vous n'avez qu'à les faire interroger.

Werder. — Il y aura demain des pleurs et des grincements de dents *(Heulen und Zähne Klappen)* pour ceux qui vous ont laissés passer.

M. Doll. — Ce n'est pas mon affaire, je ne pouvais pourtant pas dire à vos grand'-gardes de me renvoyer.

Alors commence l'éternelle discussion pour les médicaments à envoyer à Strasbourg.

Werder commence par dire que les gens de la ville *(die Leute in der Stadt)*, répétait-il à tout moment, forceront le général Uhrich à faire battre la chamade et à se rendre, s'ils n'ont pas de médicaments.

M. Doll parle ensuite du pasteur Schillinger, envoyé à Paris pour chercher ces médicaments, et qui maintenant ne peut rentrer en ville, précisément au moment où le général annonce qu'il a reçu les canons qui ont fait taire les forts de Düppel (1), et que le bombardement de Strasbourg allait commencer dès le lendemain.

Le général consent alors à faire entrer le pasteur à Strasbourg. Il devra venir le lendemain demander son laissez-passer.

(1) La guerre du Danemark.

Enfin M. Doll parle des médecins de Strasbourg qui, après la bataille de Reichshoffen, sont sortis de la ville pour soigner les blessés des deux nations. En tête de ces médecins, M. Doll cite le professeur Sédillot, le professeur Boeckel et plusieurs autres.

Les troupes prussiennes ne leur ont pas permis de rentrer en ville, alors que le bombardement va exiger de la part des médecins des soins de tous les instants.

Werder pria alors M. Doll, qui était un ami d'enfance du professeur Boeckel, d'écrire tout de suite à Haguenau qu'il consentait à laisser rentrer les médecins immédiatement, et que ceux-ci n'avaient qu'à se présenter au quartier général.

Les médecins français arrivèrent trois ou quatre jours après. Mais, de même que le pasteur Schillinger, ils ne purent rentrer à Strasbourg que quand la Confédération suisse, à force d'instance et de démarches auprès du roi de Prusse, obtint enfin l'autorisation de faire sortir de la ville les femmes et les enfants.

Puis, parlant de Rastadt, le général dit à M. Doll que le fort dans lequel étaient enfermés quelquefois les officiers badois qui ont fait quelques fredaines n'était pas un endroit tellement sombre qu'un ancien consul ne puisse en goûter le séjour pendant quelques semaines, et qu'en traversant tous les avant-postes et tous les travaux de siége sans permission, il méritait bien cela.

Puis, le général se calma peu à peu. Il finit par se tourner vers son aide de camp. « *Torchez* à ce monsieur deux lignes : Permis de passer les avant-postes. » *(Schmieren sie dem Herrn zwei Zeilen: Erlaubt die Vorposten zu passieren.)*

A ce moment un officier entre chez le

général en lui disant : *Er ist ertappt* (Nous le tenons).

M. Doll crut un moment que c'était de lui qu'on parlait, mais il fut bien vite détrompé. Il s'agissait de M. Renouard de Bussières que l'officier avait arrêté à son château de la Wantzenau, pour être conduit à Rastadt.

M. Renouard avait converti son château en ambulance. Il se croyait bien couvert par le drapeau de la convention de Genève ; mal lui en prit.

L'officier, après avoir parlé de son prisonnier, fait voir à Werder deux magnifiques carpes qu'il apportait dans une serviette ; il les avait prises dans le vivier du château de M. de Bussières pour son général.

M. Doll ne put s'empêcher de rire en voyant un général en chef, devant une ville assiégée, auquel un de ses officiers présentait deux carpes que l'Excellence acceptait sans vergogne devant un étranger.

L'officier devait bien connaître son général !

L'entretien durait déjà depuis une demi-heure quand M. Doll reprit encore une fois la question des médicaments à faire entrer dans Strasbourg. Parlant de nouveau des citoyens paisibles, des femmes, des enfants se tordant sous les abris, sans même avoir quelques médicaments pour adoucir leurs dernières souffrances, disant à Werder qu'il fallait faire la guerre aux soldats et non aux femmes, M. Doll lui arracha cette phrase : « Ce qui ne peut être utile à mes troupes, les gens de la ville pourront l'avoir. Il faut avant tout que je parle mon médecin en chef *(Divisions-Artz).* »

L'entretien prit alors fin et, fort avant

dans la soirée, deux médecins vinrent prendre MM. Schillinger et Doll chez le pasteur de Mundelsheim, qui n'avait pu leur donner que deux chaises pour s'étendre, les lits étant tous occupés par les officiers prussiens.

On alla vérifier une caisse sur quatre, les médecins allemands craignant que des fusées fulminantes et d'autres engins de guerre ne se trouvassent cachés dans ces caisses. Voyant des colis tous marqués de la signature de Dorvault, Pharmacie Centrale, la vérification n'alla pas plus loin.

Ensuite les médecins informèrent le pasteur qu'appelés chez le général qui leur demandait ce qui serait utile à ses troupes, ils lui avaient répondu que les troupes allemandes avaient tous les médicaments possibles et en grande abondance, et que les caisses pouvaient bien entrer avec tout leur contenu dans Strasbourg.

Si Werder et ses officiers avaient été on ne peut plus agressifs, les deux médecins, du moins, furent d'une correction parfaite.

Le lendemain, 23 août, Werder envoyait un parlementaire au général Uhrich, lui annonçant que quatre caisses de médicaments étaient arrivées pour lui, et qu'il pouvait les faire prendre aux avant-postes, à la condition qu'il permettrait au général prussien de faire prendre dans les caves des brasseries de Kœnigshaffen la glace dont il avait lui-même besoin pour ses blessés.

C'était encore un tour prussien : Werder avait toute la glace qu'il désirait; au besoin Rastadt ou Carlshule pouvait lui en envoyer dans les douze heures. Mais, pour les poudres à transporter à Kœnigshaffen, les Prussiens ne pouvaient se servir du chemin de fer qui était sous le canon de la place, et c'était des poudres que Werder voulait transporter (1).

Le général Uhrich, de son côté, tenait essentiellement à avoir les médicaments dont la ville manquait complétement, de sorte que l'accord fut bientôt fait et que Strasbourg eut, au moins, de quoi soulager ses nombreux blessés.

Le pasteur Schillinger survécut peu à toutes les angoisses qu'il éprouva pendant plus d'un mois; le 19 juin 1872, il mourait à Strasbourg, et sa dépouille mortelle fut portée en terre, enveloppée d'écharpes tricolores : le lendemain, les Prussiens défendaient de se servir à l'avenir de ces écharpes.

Dans l'église même où il avait prêché pendant ses dernières années, un monument lui fut élevé par souscription publique. Le célèbre statuaire Grass fit le médaillon de ce monument.

(1) Tous ces renseignements ont été donnés à M. Doll par le général Uhrich lui-même, quand il habitait Paris, en 1871.

Bordeaux. -- Imp. G. GOUNOUILHOU, rue Guiraude 11.

www.ingramcontent.com/pod-product-compliance
Lightning Source LLC
Chambersburg PA
CBHW070536050426
42451CB00013B/3036